आवाज़-ए-दिल

प्रतीक वर्मा (स्वतंत्र)

XpressPublishing
An imprint of Notion Press

XpressPublishing
An imprint of Notion Press

Old No. 38, New No. 6
McNichols Road, Chetpet
Chennai - 600 031

First Published by Notion Press 2019
Copyright © Prateek Verma (Swatantra) 2019
All Rights Reserved.

ISBN 978-1-64783-478-4

This book has been published with all efforts taken to make the material error-free after the consent of the author. However, the author and the publisher do not assume and hereby disclaim any liability to any party for any loss, damage, or disruption caused by errors or omissions, whether such errors or omissions result from negligence, accident, or any other cause.

While every effort has been made to avoid any mistake or omission, this publication is being sold on the condition and understanding that neither the author nor the publishers or printers would be liable in any manner to any person by reason of any mistake or omission in this publication or for any action taken or omitted to be taken or advice rendered or accepted on the basis of this work. For any defect in printing or binding the publishers will be liable only to replace the defective copy by another copy of this work then available.

क्रम-सूची

भूमिका   v

1. समय सुहाना   1
2. भारत के गाँव   2
3. कुछ बातें इश्क़ की   3
4. अब्बा   9
5. मेरी माई   10
6. कद में आधी बातों में ज़्यादा है   11
7. अब हर बात की आज़ादी है   13
8. बच्चे ये भी हैं   16
9. मौत के बाद   18
10. एक इश्क़ ऐसा भी   20
11. असर   33
12. कुछ बातें जो बाकी हैं   34
13. तलाश   36
14. इकलौती मुलाकात   38
15. वो लड़की   40
16. त्याग   42
17. कुछ तज़ुर्बे   43

भूमिका

शेर और शायरी से सजी इस किताब को लिखने के पीछे का सबब यह है की मैं लोगों को उनके दिल की बात अपने शब्दों से वापिस सुना पाऊं जो वो आज की भागदौड़ भरी ज़िन्दगी में सुनना भूल गए हैं। इस किताब के ज़रिए न केवल मैं अपना हाल-ए-दिल बयान कर रहा हूँ बल्कि उन तमाम दिलों में धड़कनें डालने की कोशिश कर रहा हूँ जिन्होंने धड़कना बंद कर दिया है। यह किताब कुछ सुनहरी यादों को याद करने का एक ज़रिया है तो कुछ ज़ख्मो पर एक मरहम।

1. समय सुहाना

सुबह को निकला, शाम को निकला, मैं निकला अँधियारे में,
भौतिकता से भरी पड़ी है दुनिया सारी,
नहीं मिला कोई गलियारे में।

वो समय सुहाना बीत गया,
जब जमघट लागे थी पनघट पे,
अब शायद से ही ऐसा हो
मिल लें एक दूजे से मरघट पे।

खुश किस्मत थे वो
जो सुन लिए कहानी दादी नानी से,
अब के बच्चे क्या जानें,
मर जाएगी मछली जो बाहर निकालोगे पानी से।

2. भारत के गाँव

तपती धूप में यहाँ पेड़ों की छाँव हैं,
न छल कपट, न किसी के दाँव हैं,
यहाँ तो सबमें अपनत्व के भाव हैं,
असल में यारों,
ये मेरे भारत के गाँव हैं।

बारिश में यहाँ बच्चों की नाव हैं,
हर चौखट हर किसी के पाँव हैं,
यहाँ किसी से न मजहबी अलगाव हैं,
असल में यारों,
ये मेरे भारत के गाँव हैं।

जाड़ों में काठ भूसे की अलाव हैं,
बूढ़ों की सब बच्चों पे छाँव हैं,
हर के प्रति चाचा मामा के भाव हैं,
असल में यारों,
ये मेरे भारत के गाँव हैं।

3. कुछ बातें इश्क़ की

मरने के बाद भी ज़िन्दगी का एहसास बाकी है,
शायद मुझमे अभी उसकी साँस बाकी है।

खुद को बारिश की तरह हम पर बरस जाने दो,
उजड़े हैं हम, थोड़ा सा संवर जाने दो।

मैं उसे चाँद कह भी दूँ मगर उसमे आग बहुत है,
बेदाग़ है मेहबूब मेरा और चाँद में दाग बहुत है।

शराब आपकी, पैमाना आपका,
क़त्ल को काफी है मुस्कुराना आपका।

न शराब थी, न साक़ी था,
महफ़िल में उनका आना, चूर होने को काफी था।

अब वो आशिक़ कहां जो ख़त में कलेजा निकाल के रख दिया करते थे,
हमने तो अब मोहब्बत को चादर की सिलवटों में पाया है।

मैं ज़मीन हूं तो आसमान हो तुम,
जान के बाद का जहान हो तुम।

आए पल भर को और रवाना हो गए,
फिर भी ज़िन्दा रहने का वो बहाना हो गए।

प्रतीक वर्मा (स्वतंत्र)

ज़िक्र करो पर यूं सरेआम न करो,
वो मेरी मोहब्बत है, उसे यूं आम न करो।

करना हो इज़हार तो भरे बाज़ार करो,
गर हो इकरार तो सुबह से शाम न करो।

तेरा इक नाम सुनकर हवा में झूल जाता हूं,
लिखता तो हूं पर लिखकर मिटाना भूल जाता हूं।

इन हवाओं से कह दो जाके मेरा पैग़ाम दे दें,
वो छत पे आ जाएं और दिल को आराम दे दें।

चाँद की चाँदनी, दिन का सवेरा सा लगती हो,
इस बंजारे का अब तुम बसेरा सी लगती हो।

मुझे बयान करने का जिम्मा कलम पे है,
और कलम का दिल मेरे सनम पे है।

खनकती पायल में भी ख़ामोशी का राज़ पढ़ लेता हूं,
आशिक़ हूं, नज़रों से नज़रों की बात पढ़ लेता हूं।

इश्क़ में इश्क़ की नुमाइश नहीं करते,
बदले में चाहत की ख्वाहिश नहीं करते।

ज़माना मुझे याद रखे, मुझमें कोई ऐसी बात तो न थी,
पर इक तेरा नाम क्या जुड़ा मुझसे, देखो कहानी बदल गई।

ज़माना मुझे याद रखे, मुझमें कोई ऐसी बात तो न थी,
पर इक तेरा नाम क्या जुड़ा मुझसे, देखो कहानी बदल गई।

इज़हार-ए-मोहब्बत भरे बाज़ार करता हूँ,
इश्क़ है इक नशा, नशा मैं सरेआम करता हूँ।

बड़ी फुर्सत से उसने तुझे बनाया होगा,
तेरे गाल पे नज़र का टीका लगाना भी उसे याद रहा।

झूठ बाहर और सच दिल के अन्दर मिलेगा,
नज़रों में झांकोगे आँसूओं का समंदर मिलेगा।

अधूरा ही रह जाता गर इज़हार न करता,
वो मेरे साथ न होती गर इंतज़ार न करता।

लोग ज़ख्मों की तरह तरह की तदबीर बताते हैं,
हमसे कोई पूछे दवा तो उनकी तस्वीर बताते हैं।

जो राज़ी हो तुमको मैं वो शख़्स हो जाऊं,
संग रहे अंधेरे में भी ऐसा तेरा अक्स हो जाऊं।

4. अब्बा

जाने किस बात की जल्दी थी न जाने वो कहाँ जा रहे थे,
शायद वक़्त से पहले वो मौत से मिलने जा रहे थे।
जीने की आस तो बहुत पहले छूट चुकी थी उनकी,
वो अब्बा थे जो हमारे खातिर जिए जा रहे थे।

जब मैं छोटा था तो कन्धों पे घुमा रहे थे,
देर रात कमाने की चाह न थी फिर भी कमा रहे थे।
ज़रूरत आन पड़ने पर वो लोरी सुना सुला रहे थे,
बेइन्तेहाँ प्यार करते थे हमसे न जाने क्यों छिपा रहे थे।

बहुत प्यार करते हैं हम उनको ये उन्हें बताना चाह रहे थे,
ऐ फरिश्तों मेरा सलाम उनको नज़्र कर देना,
फरिश्तों ने कहा आसमान में देखो,
देखा तो वो तारा बन आज भी मुस्कुरा रहे थे।

5. मेरी माई

रब की नेमत और ख़ुदा की ख़ुदाई देखी
हर मूरत की सूरत में मैंने मेरी माई देखी।
रोना आया तो अपनी रुबाई देखी
हँस पड़ा जब मैंने मेरी माई देखी,
ग़रीबों की बस्ती में मैंने सबकी कमाई देखी
एहसास-ए-अमीरी हो गया जब मैंने मेरी माई देखी,
रिश्तों की महफ़िल में अपनी तनहाई देखी
मिला हर रिश्ता जब मैंने मेरी माई देखी,
रात भर जाग टूटी चारपाई देखी
उसके गोद में सर रख सो गया जब मैंने मेरी माई देखी,
मैंने ज़मीन से आसमान की ऊँचाई देखी
पाया हर मुक़ाम साथ जब मैंने मेरी माई देखी,
ज़ख्म भरने की मैंने हर दवाई देखी
राहत तब मिली जब मरहम लगाते मैंने मेरी माई देखी,
रब की नेमत और ख़ुदा की ख़ुदाई देखी
हर मूरत की सूरत में मैंने मेरी माई देखी।

6. कद में आधी बातों में ज़्यादा है

कद में आधी बातों में ज़्यादा है,
मासूम सा दिल मेरा उसी का प्यादा है,

वो लड़ भी लेती है झगड़ भी लेती है
इस झड़-पट में कई ज़ख्म भी देती है
मै और मेरा दिल तो उसमें है
पर उसका मन मुझमें अभी भी आधा है,
कद में आधी बातों में ज़्यादा है,
मासूम सा दिल मेरा उसी का प्यादा है।

ख़यालात उसके और मेरे काफ़ी मिलते जुलते हैं
फूल भी बगिया में मेरी अब उसी के नाम के खिलते हैं,
अगर मैं गेंदा हूँ मेरी बाग का
तो वो उसी बाग की बेला है,
कद में आधी बातों में ज़्यादा है,
मासूम सा दिल मेरा उसी का प्यादा है।

यूँ तो कहना मैंने लाख है चाहा
पर कह के भी उससे कह न पाया
कह डालूँ भी तो कैसे उससे
उसके दिल में आखिर कोई दूजा है,
कह तो डाला सब इतना पर ये सब भी आधा है,
रंगत है मेरे जीवन की वो उसके बिन सबकुछ सादा है,
कद में आधी बातों में ज़्यादा है,
मासूम सा दिल मेरा उसी का प्यादा है।

7. अब हर बात की आज़ादी है

आज़ादी है भाई आज़ादी है
अब हर बात की आज़ादी है।

कुछ को इश्क में चुंबन की
तो कुछ को तेजाब की आज़ादी है,
आज़ादी है भाई आज़ादी है
अब हर बात की आज़ादी है।

कुछ को नारी के चरणों में
तो कुछ को जांघों में दिखती आज़ादी है,
आज़ादी है भाई आज़ादी है
अब हर बात की आज़ादी है ।

पहले नेता को चोरी की फिर उस पर सीनाजोरी की
उसको हर पल हर क्षण इस बात की आज़ादी है,
आज़ादी है भाई आज़ादी है
अब हर बात की आज़ादी है।

कुछ भक्तों को कुछ चमचों को
हर बात पे गरियाने की आज़ादी है,
आज़ादी है भाई आज़ादी है
अब हर बात की आज़ादी है।

कुछ नौकरशाहों को कुछ साहेबजादों को
अभी कुछ और अपराध करने की आज़ादी है,
आज़ादी है भाई आज़ादी है
अब हर बात की आज़ादी है।

कुछ को ऐ नेपाली ऐ चीनी
तो कुछ को पंजाबी बंगाली कहने की आज़ादी है,
आज़ादी है भाई आज़ादी है
अब हर बात की आज़ादी है।

कभी निर्भया तो कभी उन्नाव की घटना को
हर पल दोहराते रहने की आज़ादी है ,

प्रतीक वर्मा (स्वतंत्र)

आज़ादी है भाई आज़ादी है
अब हर बात की आज़ादी है।

जो कह ना सके बंगाली और पंजाबी को हिंदुस्तानी
तो फिर किस बात की आज़ादी है,
आजादी के इस बंद लिफाफे में हम सबकी कहीं
छुपी बर्बादी है,

आज़ादी है भाई आज़ादी है
अब हर बात की आज़ादी है।

8. बच्चे ये भी हैं

अगर पक्की छत तले रहने वाले, बच्चे वो भी हैं,
तो ज़मीन को बिस्तर मान सोने वाले, बच्चे ये भी हैं।

अगर थोड़े नटखट, थोड़े अच्छे, वो भी हैं,
तो थोड़े चंचल, थोड़े सच्चे, ये भी हैं।
जो घूमते हैं गाड़ियों में, बच्चे वो भी हैं,
और पोंछने वाले उनके शीशों को, बच्चे ये भी हैं।

जो जाते हैं बड़े बड़े स्कूलों में, बच्चे वो भी हैं,
और बाहर खड़े चूरन बेचते, बच्चे ये भी हैं।
पार्क में हँसते खेलते, बच्चे वो भी हैं,
तो दूर से ताकते उनको, बच्चे ये भी हैं।

तो फिर ये फर्क कैसा,

क्यों महल वालों का हर एक बात पे हक,
और क्यों दूजों को दो तुम खाकर उन पे तरस,

प्रतीक वर्मा (स्वतंत्र)

उन्हें तरस में मिली भीख नहीं, उन्हें उनका हक चाहिए,
जो देखें वो सपने, वो दिखने उन्हें सब चाहिए,
उन्हें भी पार्क में खेलने का हक चाहिए।

उन्हें बस उनका हक दे दो, वो महलों सी इमारत खुद बना लेंगे,
कमा के चार पैसे, वो भी अपने बच्चों को गाड़ी में घूमा लेंगे।

9. मौत के बाद

वो पापा के गुस्से में छिपी फिक्र,
माँ का हर इक बात में तुम्हारा ज़िक्र,
सब है से होकर था में बदल जाएगा,
सच मानो,
उन्हें तुम्हारा जाना बहुत रुलाएगा।

जिनका सहारा कभी तुम्हें बनना था,
कल उनका ही कन्धा तुम्हारी अर्थी उठाएगा,
अरे अपनों की छोड़ो,
दुनिया का कोई माँ बाप ये मंज़र न देख पाएगा।

गर लगता है तुम्हारा असफल होना मजबूरी बन जाएगा,
यकीन मानो,
तुम्हारा न होना उनकी कमजोरी बन जाएगा।

पापा हर बार चश्मे का काँच पोछेंगे,
पर फिर भी उनको धुँधला नज़र आएगा,
आँसू माँ की आँखों में होंगे,

प्रतीक वर्मा (स्वतंत्र)

और दिल उनका भी भर आएगा।
सच मानो,
उन्हें तुम्हारा जाना बहुत रुलाएगा।

गर आ गई हो बात समझ में,
तो इक बार फिर उठ खड़ा हो,
कार्य कर दिखला ऐसा,
कि हिमालय से भी वो बड़ा हो।
आत्मविश्वास जगा खुद में,
ज्योत जला तू उम्मीद की,
देख फिर चमक उठेंगी आँखें उनकी,
और ढोल बजेगी नवीद की।

10. एक इश्क़ ऐसा भी

मसरूफ होकर लोग मेरा दर्द पढ़ते रहे,
गम ही इतने मिले कि ताउम्र हम लिखते रहे।

न तनहा तब थे न तनहा अब हैं,
साथ में तब तुम थे अब साथ में गम हैं।

कल ही तो संवरा फिर से, फिर से उजड़ गया हूं मैं,
तेरे इश्क़ की चाहत में फिर से बिखर गया हूं मैं।

प्रतीक वर्मा (स्वतंत्र)

मालूम था फिर भी खुद को झूठा दिलासा दिलाए रखा,
आख़िर मुलाकात खातिर खुद को अर्थी पर सजाए रखा।

कहते हैं वो दिखते अच्छे हो, मोहब्बत क्यों नहीं करते,
हम कहते हैं करके देखो मोहब्बत, मोहब्बत क्यों नहीं करते।

कुछ इस कदर उनकी ख़ुशी को अपनी ख़ुशी बना लिया हमने,
उन्हें बिछड़न में सुकून दिखा, बिछड़ जाने दिया हमने।

वो गर मिले तो उसे मेरा पता देना,
टूटा नहीं हूँ अभी ज़रा उसे बता देना,
गर मुस्कुराहट हो उसके हसीन लबों पर,
तुम छेड़ के मेरा ज़िक्र उसे सता देना।

इश्क़ था जो वो अश्कों में बाह चूका है,
अब जो भी है जैसा भी है बस इंतक़ाम बाकी है,
सुना है कि नम रहती हैं आँखें तेरी आजकल,
ये तो आगाज़ है अभी बेवफाई का अंजाम बाकी है।

गवारा न हो तो बहाना कर देना,
इस अधूरी कहानी को मीठा फ़साना कह देना,
नज़र आएँ जो कभी राह में हम,
सलामती का नज़रों से इशारा कर देना।

यूँ तो कहने को मशहूर हैं हम अब बहुत,
मगर मजा तो उसके इश्क़ में बदनाम होने पर ही आया।

प्रतीक वर्मा (स्वतंत्र)

यूँ ही रुख्सत नहीं होतीं यादें किसी की,
उन्हें नफरत का जाम पिलाना पड़ता है।

जिस्म की गिरफ्त में है इश्क़ मुखातिब रूह से कैसे हो,
हकीक़त के चोले में है हुस्न सामना झूठ से कैसे हो।

गर न मिली शाम तो रात नहीं मांगूंगा,
गैरतमंद हूं, खैरात नहीं मांगूंगा।

किसी ने खारा पानी तो किसी ने गहरा समंदर देखा,
औरों ने सूरत देखी, हमने तो दिल के अंदर देखा।

आवाज़-ए-दिल

मैं मुकम्मल कहानी बनूँ या अधूरा किस्सा बन जाऊँ,
कोशिश तो यही है कि तेरे दिल का हिस्सा बन जाऊँ।

मयखानों में मिलेंगे आशिक़ हज़ार
रात को तुम बस जवाँ होने दो,
आह मेरी मालूम चलेगी तुमको भी
जलते दिल को तुम बस धुँआ होने दो।

उदासी का सबब हिज्र नहीं, तुम्हारी फिक्र है,
चर्चे इस बात के नहीं कि तुम उसके साथ हो,
तुम मेरी बांहों में नहीं इस बात का ज़िक्र है।

यकीनन तेरे इश्क़ में बदनाम हूं मैं,
पर देख ज़माने को याद हूं मैं।

प्रतीक वर्मा (स्वतंत्र)

जो कभी हुसूल था वो फ़ुज़ूल लगता है,
तुझसे हुआ इश्क़ अब भूल लगता है।

लुट गया सामान सारा, खाली दुकान बाकी है,
हां भर गया है नासूर पर अभी निशान बाकी है।

कहने की हिम्मत नहीं शायद अब, तो लिख रहा हूं मैं,
बता के दर्द अपने ज़माने को, देख क्या खूब बिक रहा हूं मैं।
ये सच है कि तुमसे आगे भी भायी हैं मन को कई कलियां,
पर अभी भी तेरे ही इश्क़ की आग में सिक रहा हूं मैं।

आवाज़-ए-दिल

जिसकी एक नज़र पल भर में सारा काम कर गयी,
देखो ! वो जाते जाते दिल के हिस्से तमाम कर गयी।

दिल में जो तेरा नाम बसा रखा है,
अपनी मौत का सामान सजा रखा है।

झूठ कहता नहीं सच कह नहीं सकता,
मुश्किल से पाया है दोबारा खो नहीं सकता।

टूटे कांच से बदतर बिखरा हूं मैं,
सच से नहीं झूठों से टूटा हूं मैं,
अब जब भी हंसता हूं आईने में देख,
आईना कहता है झूठा हूं मैं।

प्रतीक वर्मा (स्वतंत्र)

ज़माने की नहीं, मुझे तेरी फिकर होती है,
देखता उधर हूं, जिधर तेरी नज़र होती है।

न जाने कितने गमों को छिपा के बैठे हैं,
कई ख्वाहिशें हैं जिन्हें दबा के बैठे हैं,
उनकी हस्ती आबाद रखने के खातिर
हम अपनी हस्ती लुटा के बैठे हैं।

हर किसी की हर एक आरज़ू यहां मंज़ूर नहीं,
किसी को हम तो कोई हमको कबूल नहीं।

थोड़ा हम खफा, थोड़ा नाराज़ तुम भी हो,
गमगीन हम भी थोड़ा, थोड़ा उदास तुम भी हो।

दिल के किसी कोने में ही सही पर जगह तो दे,
गर इकरार न हो तो इनकार की वजह तो दे।

उनकी ख़ामोशियों को उनसे बेहतर हम जानते हैं,
हम उन्हें, वो किसी और को अपना मानते हैं।

यूं नजरअंदाज ना कर मुझको मेरी जाना,
शीशे सा है दिल, टूट कर बिखर जाएगा,
यकीनन आएगा इस जहान में हर शख़्स नज़र तुझे,
पर मुझमें तो सिर्फ तेरा अक्स नज़र आएगा।

प्रतीक वर्मा (स्वतंत्र)

दैर था दिल हमारा कभी जिनके ख़ातिर,
अब दम तोड़ती चाहत हमारी उनके चौखट पनाह माँगती है,
सुकून में कैसे न हों क़त्ल कर के क़ातिल हमारी मोहब्बत के,
ये इश्क़ की अदालत है ग़ालिब मरने वालों से ही गवाह माँगती है।

न दिल माँगते हैं न जान माँगते हैं,
हम तो दुआओं में परचम उनका बुलंद माँगते हैं,
बावजूद इसके बदनसीबी का आलम ये है,
खुद वो बेवफ़ा और हमसे हिसाब-ए-वफ़ा माँगते हैं।

सब कुछ पता है या किसी गलतफहमी में हूं मैं,
इश्क़ में तो था नहीं क्या नफ़रत में अभी भी हूं मैं।

नमक सा हूं मैं, सब अपनी ज़िन्दगी में
मुझे अपने स्वादानुसार घोलते हैं।

चार साल में आशिक़ चार बदल लेते हैं,
इश्क़ को इश्क़ नहीं बाज़ार समझ लेते हैं।

मेरी तबीयत ज़रा नासाज़ रहती है,
सुना है अब वो किसी और के साथ रहती है।

खुद को अब आशिक़ पागल कहलाना गाली सा लगता है,
चले आओ ए चाँद,
कि तेरे बिन ये आसमान अब खाली सा लगता है।

उस एक ने साथ छोड़ा हमें सारा ज़माना मिल गया,
लिखी एक कहानी अधूरी लोगों को मुकम्मल फ़साना मिल गया।

खुद को अब आशिक़ पागल कहलाना गाली सा लगता है,
चले आओ ए चाँद,
कि तेरे बिन ये आसमान अब खाली सा लगता है।

यूं ही अकेला खड़ा रहा मैं उस मोड़ पर,
नासमझ था, मैं रास्ते से दिल लगा बैठा,
वो आया बन के हवा का इक झोंका,
नादान था, मैं ख़्वाबों का घोंसला सजा बैठा।

गर, तुम भी उनमें से एक हो जो मोहब्बत की गहराई, समंदर की ज़मीन से मापते हैं,
तो तुम भी उनके जैसे हो जो मेरी तनहाई महज़ अम्बर से मापते हैं।

माना कि मैं तेरे दिल के इतना भी करीब न था,
पर तेरा जाना भी तो मेरे नसीब में न था।

मैं मेरी ही कश्ती का मांझी न रहा,
उसके इश्क़ में मुझमें कुछ बाकी न रहा।

11. असर

इश्क़ में आशिक़ अच्छे अच्छे बदल जाते हैं,
शराब वही रहती है पैमाने बदल जाते हैं।

क्या ही कहें अब उनके हुज़ूर में साहब,
वो नज़रें झुकाएँ तो नज़ारे बदल जाते हैं।

वो हवा चलाता है ज़िन्दगी के पन्ने बदल जाते हैं,
मुसानिफ वही रहता है अफ़साने बदल जाते हैं।

मुकम्मल इश्क़ की तिश्नगी सदा बनाये रखो
अक्सर अज़्म को देख अंजुम बदल जाते हैं।

मुमकिन हो तो बनावटी बन के रहो ज़माने में,
चोला देख यहाँ अंदाज़-ए-इस्तिक़बाल बदल जाते हैं।

12. कुछ बातें जो बाकी हैं

ज़माने में अभी मेरे कुछ यार बाकी हैं,
ज़मीन पे अभी मेरे कुछ असरार बाकी हैं।

दिल दुखा के न जाने कैसे बेफ़िक्री में है वो,
अभी उसके हिस्से में क़यामत की कुछ रात बाकी हैं।

था नहीं उसकी उल्फत पे कभी शक मुझको,
और अब उससे बेवफाओं के भी कुछ सवाल बाकी हैं।

यूं तो अकेला छोड़ गया मुझे मंझधार में वो,
पर अभी भी मुझमें आशिक़ी के कुछ अंदाज़ बाकी हैं।

*जा रहा मैं भी खुदा के आगोश में वफ़ा निभाने,
इत्मीनान से सुनना अभी मेरे कुछ किस्से बेहिसाब बाकी हैं।*

13. तलाश

सिर्फ ज़िंदा रहने को वजह की तलाश न कर,
ज़िन्दगी रहमत है ख़ुदा की, इसे ज़िंदा लाश न कर।

है छिपा सारे जहान का मुस्तकबिल तुझमें,
अब तू औरों में खुद की तलाश न कर।

इंतज़ार में तो बैठे हैं आसमान के चांद सितारे,
तू सूरज है जहान का, तू घड़ी का इंतज़ार न कर।

माना कि हालात अभी नाज़ुक हैं, हैं वो तेरे साथ नहीं,
पर खुद ही खुद का कंकर बन यूं खुद को बर्बाद न कर।

प्रतीक वर्मा (स्वतंत्र)

कमतर समझ के खुद को भूल के अपनी ताकत को,
ऐसे पल हर पल अब खुद का कत्लेआम न कर।

14. इकलौती मुलाकात

यूं तो कहने को ये महज़ इक कागज़ का टुकड़ा है,
पर मेरी और तुम्हारी पहली और आखिरी मुलाकात का सबूत है ये,
और हां तुम्हारी यादों के सिवा अगर कुछ बाकी है,
तो बस ये टुकड़ा ही है जो साथ में आज भी अपने बटुए में रखता हूं मैं
क्योंकि एक दिल था जो कबका तुमको दे दिया है
और एक जान है जो आज भी सिर्फ तुम में ही बसती है।
न मेरे पास तुम्हारी वो पायल है और न ही वो झुमका
क्योंकि शायद तुमने उन्हें मेरे पास रखने का हक मुझे दिया ही नहीं,
कुछ झलकियां हैं जिनमें तुम मुस्काती सी दिखती हो,
हां वही मुस्कान जिसपे कभी ये आशिक़ दिल हारा था।
देखो स्याही तो मिट चुकी है इस टुकड़े की और इश्क़ अभी बाकी है,

प्रतीक वर्मा (स्वतंत्र)

बस इस टुकड़े के अलावा और तुम्हारी यादों के
सिवा और तो कुछ बाकी नहीं है,
पर जितना भी है तकिए के भीगने को काफी है,
अरे! ये क्या?
ये अचानक इक बूंद कहां से आ गिरी,
कहीं तकलीफ में तो नहीं हो तुम,
पर तुम तो शायद उसकी बांहों में खुश हो,
शायद ये मेरा ही दर्द है जो बूंद बन के निकला
है।
चलो, थम जाता हूं, अब और नहीं लिखा जाएगा,
हाथ कांप रहे हैं और लब थरथरा रहे हैं,
पर हां!
यूं तो कहने को ये महज़ इक कागज़ का टुकड़ा
है,
पर हां तुम्हारी यादों के सिवा अगर कुछ बाकी है,
तो बस ये टुकड़ा ही है जो साथ में आज भी
अपने बटुए में रखता हूं मैं।

15. वो लड़की

भरे है लाल सिन्दूर फिर भी मुझे मुरझाई कली मालूम पड़ती है,
अब तो वीरान मोहल्ला उसके दिल की गली मालूम पड़ती है।

खनकती पायल उसकी आज़ादी की बेदी मालूम पड़ती है,
न जाने क्यों ज़माने को वो बोझिल बेटी मालूम पड़ती है।

बरसों सोई नहीं है वो, आँख उसकी जगी मालूम पड़ती है,
आज भी वो अपने सपनों की सगी मालूम पड़ती है।

बेसुध सी वो अंगारों में जली मालूम पड़ती है,
हैवानों की बस्ती में वो मुझको वली मालूम पड़ती है।

ज़माने को मेरे लफ्ज़ों में जज़्बातों की कमी मालूम पड़ती है,
मगर मुझको तो उसकी आँखों में नमी मालूम पड़ती है।

16. त्याग

आग के दरिये से गुजरना पड़ता है,
जन्नत के खातिर मरना पड़ता है।

यूं ही चिराग चिराग नहीं बनते,
हवाओं से लड़कर जलना पड़ता है।

मंज़िलें ऐसे ही नसीब नहीं होती,
कांटों पे भी चलना पड़ता है।

शोहरत संभालना सबके बस का नहीं,
ज़मीन से जुड़कर रहना पड़ता है।

यूं ही कोई मसीहा नहीं बन जाता,
दिल से बैर तजना पड़ता है।

17. कुछ तज़ुर्बे

जो लोग ज़िन्दगी में हार जाया करते हैं,
वही मयखाने में जाम लड़ाया करते हैं।

जो लोग ज़िन्दगी में हार जाया करते हैं,
वही मयखाने में जाम लड़ाया करते हैं।

दर्द को मुस्कुरा कर सहना सीख लिया है,
शायद हमने ज़िन्दगी जीना सीख लिया है।

नज़रों में चालाकी और शख्शियत में अकड़ बना के रखो,
मौकापरस्त है ज़माना अपनी शराफत छिपा के रखो।

मज़हबी साजिशों को देख हैरान हूँ मैं,
गैरों को क्या कहूँ, अपनों से परेशान हूँ मैं,
खुदगर्ज़ी की कुछ ऐसी ज़ाफ़री है मुझपे,
भूल गया हूँ खुद से पहले इंसान हूँ मैं।

दौर-ए-महफ़िल में तन्हाई का भी अपना मजा है,
पता चल जाता है कौन अपना कितना सगा है।

अच्छा ही लिखूं ये मांग है कातिल ज़माने की,
सच लिखती है कलम मेरी, चाहत नहीं इसे कमाने की।

प्रतीक वर्मा (स्वतंत्र)

जो जिस्म से शुरू हो वो मोहब्बत नहीं होती,
साजिशें रच के हासिल हो वो उल्फत नहीं होती,
देखो कुछ इस कदर तिजारत करता है अब ज़माना,
दुआ तो होती है पर पहले सी वो इबादत नहीं होती।

ज़माने ने ज़माने में आग लगा रखी है,
बर्बादी की इक तारीख़ सजा रखी है।

यूं ही मुकम्मल होती नहीं मोहब्बत अब,
अब झूठ का लिबाज़ पहनना पड़ता है,
कर गुज़रने को बिस्तर की चाहत पूरी,
जो नहीं हैं वो भी देखो बनना पड़ता है।

शायद वो, या फिर वो अच्छा है,
ख़ुदा ही जाने, अब ज़माने में कौन अच्छा है।

मैं ही था सबब मेरे गम का तुझे बुरा क्यों कहूं,
ताउम्र मैं ही रहा नादान ज़माने को बुरा क्यों कहूं।

भीड़ अब चौराहों पर दिखती कहां है,
आग अब सीने में जलती कहां है,
बाकी हैं इतेफाकन इंसान अभी कुछ,
वरना इंसानियत अब दिलों में बसती कहां है।

दोस्त नहीं है कोई यहां पे, सब मतलब के साथी हैं,
कुछ ने दामन छोड़ दिया, कुछ की विरह बाकी है।

ज़िन्दगी जितनी भी हो एक मिसाल होनी चाहिए,
कहानी पन्नों में नहीं, ज़ुबानों से बयान होनी चाहिए।

इश्क़ नहीं है पर कहना मजबूरी है,
कमरों के बिन चाहत जो अधूरी है।

खुद की शख्सियत पर इतनी भी अना न कर,
खुदा की रहमत है जिंदगी इसे यूं फना न कर।

नज़्म नफरत की और बू मोहब्बत की आती है,
हम उस ज़मीन से हैं जिस ज़मीन से उर्दू आती है।

मौकापरस्त इस महफिल में इंसान अभी
मैं कच्चा हूं,
गर ये ज़माना सच्चा है तो झूठा ही मैं
अच्छा हूं।

कर के गुनाह तू शर्मिंदा कहाँ,
देख ! अब इंसान तू ज़िंदा कहाँ।

अब जो है उसका शोर क्या करना,
जो नहीं तो अफ़सोस क्या करना।

बहते अश्क़ों को और बहाना अच्छा लगता
है
ये दुनिया है,
इसे ज़ख्मों पे नमक लगाना अच्छा लगता
है।

न मेरी शक्ल से, न मेरे जिस्म से,
मेरे खयालों से हो मोहब्बत तो कोई बात हो।
मैं करवटें इधर बदलूं, बेचैन तुम उस पार हो,
हां, हो ऐसी मोहब्बत तो कोई बात हो।
जज़्बातों की कद्र हो, बंदिशें न हों,
अपनाने की चाहत हो, पाने की रंजिशें न हों,
हां, हो ऐसी मोहब्बत तो कोई बात हो।

कुछ पल निकाल आज ज़िन्दगी जानते हैं,
चलो आज मज़हब नहीं, खुशियां बाटते हैं।

इस जहान में अब किसी पर भरोसा कर नहीं सकता,
मतलब की है दुनिया कोई किसी के खातिर मर नहीं सकता।

www.ingramcontent.com/pod-product-compliance
Lightning Source LLC
LaVergne TN
LVHW041547060526
838200LV00037B/1175
* 9 7 8 1 6 4 7 8 3 4 7 8 4 *